MEDITAÇÃO

Um Guia Iniciante Para Curar Sua Alma E Encontrar A Paz

(Técnicas De Mindfulness Para Iniciantes)

Aleš Duda

Traduzido por Daniel Heath

Aleš Duda

Meditação: Um Guia Iniciante Para Curar Sua Alma E Encontrar A Paz (Técnicas De Mindfulness Para Iniciantes)

ISBN 978-1-989837-47-4

Termos e Condições

De modo nenhum é permitido reproduzir, duplicar ou até mesmo transmitir qualquer parte deste documento em meios eletrônicos ou impressos. A gravação desta publicação é estritamente proibida e qualquer armazenamento deste documento não é permitido, a menos que haja permissão por escrito do editor. Todos os direitos são reservados.

As informações fornecidas neste documento são declaradas verdadeiras e consistentes, na medida em que qualquer responsabilidade, em termos de desatenção ou de outra forma, por qualquer uso ou abuso de quaisquer políticas, processos ou instruções contidas, é de responsabilidade exclusiva e pessoal do leitor destinatário. Sob nenhuma circunstância qualquer, responsabilidade legal ou culpa será imposta ao editor por qualquer reparação, dano ou perda monetária devida às informações aqui contidas, direta ou indiretamente. Os respectivos autores são proprietários de todos os direitos autorais não detidos pelo editor.

Aviso Legal:

Este livro é protegido por direitos autorais. Ele é designado exclusivamente para uso pessoal. Você não pode alterar, distribuir, vender, usar, citar ou parafrasear qualquer parte ou o conteúdo deste ebook sem o consentimento do autor ou proprietário dos direitos autorais. Ações legais poderão ser tomadas caso isso seja violado.

Termos de Responsabilidade:

Observe também que as informações contidas neste documento são apenas para fins educacionais e de entretenimento. Todo esforço foi feito para fornecer informações completas precisas, atualizadas e confiáveis. Nenhuma garantia de qualquer tipo é expressa ou mesmo implícita. Os leitores reconhecem que o autor não está envolvido na prestação de aconselhamento jurídico, financeiro, médico ou profissional.

Ao ler este documento, o leitor concorda que sob nenhuma circunstância somos responsáveis por quaisquer perdas, diretas ou indiretas, que venham a ocorrer como resultado do uso de informações contidas neste documento, incluindo, mas não limitado a, erros, omissões, ou imprecisões.

Índice

Parte 1 1

Introdução 2

Capítulo 1 – Noções Básicas Da Meditação 4

Capítulo 2 – O Que Pode Obter Da Meditação? 9

Capítulo 3 – Meditação De Atenção Plena 17

Capítulo 4 – Meditação Andando 24

Capítulo 5 – Como Alcançar Os Melhores Resultados Quando Se Pratica Meditação? 35

Conclusão 40

Parte 2 41

Introdução 42

Capítulo Um: Onde Tudo Começou 45

Capítulo Dois: Os Benefícios Da Meditação 51

Capítulo Três: Preparando-Se Para Meditar 57
- APRENDENDO A RESPIRAR 57
- FERRAMENTAS QUE VOCÊ PODE QUERER USAR 59
- VESTUÁRIO 60

Capítulo Quatro: Como Meditar 63
- MEDITAÇÃO SENTADA 64
- MEDITANDO NO SEU TAPETE DE YOGA 64
- RESPIRAÇÃO 65

Capítulo Cinco: Acalmando A Mente 68

Conclusão 74

Parte 1

Introdução

Parabéns por baixar o livro.

O livro possui passos e estratégias comprovadas em como usar a meditação de forma a aliviar o stress e se sentir feliz quase imediatamente após aplicar as técnicas aqui referidas. São simples passos que quase todas as pessoas são capazes de fazer. Os benefícios por si são mais do que suficientes para o/a motivar a começar.

- Uma mente, corpo, espírito mais saudável
- Relacionamentos mais harmoniosos
- Melhor concentração e foco
- Um sentido do eu mais confiante e feliz

Estes são alguns dos pontos que se podem esperar quando você pratica regularmente meditação. Então vá em frente, experimente e descubra por si mesmo se isto é algo que quer acrescentar à sua vida cotidiana.

Obrigado de novo por ter baixo este livro, espero que o desfrute!

Capítulo 1 – Noções básicas da Meditação

Todo dia, nos defrontamos com situações diferentes que nos retira energia – qualquer coisa desde o tráfego logo de manhã para o trabalho ou problemas com a escola que tendem a nos deixar exaustos pelo fim do dia. Agora de início, você pode não pensar muito nestas coisas — riscando-as para a "moagem do dia-a-dia" e esperar que amanhã venha a ser menos angustiante. No entanto, se deixados sem controlo, esses sentimentos se podem eventualmente acumular e na verdade começarem a afetar o nosso desempenho no trabalho e até mesmo nas nossas vidas pessoais.

A nossa motivação pode começar a sofrer disso e em breve, a poderemos perder como continuamos a nos sentir esgotados. Em casos mais graves, existem pessoas que caem em depressão por culpa das exigências e do stress que estão sujeitas no trabalho. Tudo parece debilitante e algumas pessoas talvez neguem que estas coisas aconteçam, mas tudo isto se baseia na realidade. O problema começa pequeno, quase impercetível e eventualmente descamba em algo maior.

Felizmente, existem coisas que podemos fazer para nos libertarmos do stress que transportamos e receber de novo nas nossas vidas a felicidade. Podemos começar com o mais simples: MEDITAÇÃO.

Existem muitas opiniões e interpretações do que é realmente a meditação, e como ela pode ajudar uma pessoa a manter o equilíbrio. Como é capaz de curar a nossa mente, corpo e espírito –permitindo-a a desenvolver a paz interior e trazer de novo harmonia à nossa vida frequentemente caótica.

Então o que é exatamente meditação?

Definindo simplesmente, a meditação a uma prática que treina a mente e lhe permite colher a sua própria força no sentido de eliminar pensamentos desnecessários e formas de pensar. A prática também induz a um certo nível de consciência, um que eleva o individuo além dos problemas mundanos que possam o/a rodear. As suas filosofias auxiliam pessoas a aprenderem e ver o grande cenário, capacitando-os/as de verem o mundo de outra forma. E fazendo isso, também procura trazer clareza e uma mentalidade pacífica.

A meditação é também ligada à promoção do Zen e melhoramento do chi ou força vital do individuo. Através de simples meios, ela pode ajudar as pessoas a ultrapassar quaisquer medos ou inseguranças que possa impedi-los de alcançar felicidade, como também satisfação nas suas próprias vidas. Ajuda as pessoas a se reunirem com o seu eu espiritual e por sua vez, se tornarem mais próximas do universo. Essa profunda espiritualidade pode ajudar as pessoas a desenvolverem virtudes não menos importantes que a compaixão, generosidade e paciência –ajudando-os a levarem uma vida mais rica e feliz.

Pode realmente a meditação ajudar as pessoas a alcançarem todas essas coisas? **A resposta é SIM.**

No entanto, dito isso, um deve compreender que a meditação é muito mais do que meramente sentar e respirar em silêncio. Embora que estes dois sejam essenciais ao processo, não são as únicas coisas você tem de fazer a fim de beneficiar da meditação.

A Meditação é uma filosofia, um estilo de vida que você está destinado a seguir e constantemente aprender a partir dele.

A constante prática lhe ensinará a ser mais consciente das suas ações e ajudará a transformar alguns dos seus hábitos negativos em alguns que contribuam no seu crescimento como indivíduo. Quanto mais você aprender das suas filosofias, irá ganhar maior compreensão do que terá de ser eliminado da sua vida. Os excessos, certas formas de pensar— tudo que necessita de ser desintoxicado porque apenas polui o seu espírito. Existirão dificuldades, especialmente se para si é novidade o conceito e ainda tem de se ajustar a esta forma de viver. No entanto, assim que passar esse estágio, você irá definitivamente notar grandes mudanças. Quem sabe? Você até poderá influenciar quem o rodeia.

Capítulo 2 – O que pode obter da Meditação?

Certo, agora que sabe que a meditação lhe pode ajudar a acalmar e restaurar a alegria na sua vida—o que se segue? Bem, desenvolvendo uma melhor compreensão sobre ela é sempre um bom ponto de partida.

Pense na meditação como um caminho para treinar a sua mente na mesma forma que um atleta treinaria o seu corpo para melhor desempenho. A meditação treina a mente a afinar a sua capacidade de se concentrar enquanto se reabastece de energia. Uma mente fraca está vulnerável a pensamentos doentes, medos, tristeza e stress. O que você pensa o irá consumir e tomar conta da sua vida, eventualmente se manifestar. Então se está incapaz de pensar positivamente— então têm de haver mudanças.

Também é uma lição em ter tempo para apreciar o mundo que o rodeia. Vivendo num mundo caótico e de passo rápido, por vezes nos esquecemos de pausar e olhar à volta –para ver a beleza mesmo na mais pequena das coisas.Estar presente no momento e saber que cada respiração que faz é precioso. Assim que você desenvolve a atenção plena, você se torna agradecido e qualquer raiva você possa ter estado a abrigar se desvanece facilmente.

Mais importante, a meditação não é uma religião. Enquanto que é praticada por certas ordens religiosas como monges budistas, tem de se compreender que transcende isso. No entanto, não surpreende que pessoas de diferentes fés escolham praticá-la—tudo devido aos benefícios que dá quando toca à nossa mente, corpo e espírito.

Nós abordamos os benefícios da meditação da atenção plena, mas não da meditação como um todo. Para ter uma melhor ideia, aqui vai um rápido diagrama.

Alguns dos seus benefícios incluem:
-
   Uma memória melhor
-

- Melhores interações
- Redução de ansiedade
- Melhor produtividade
- Melhor criatividade
- Melhor concentração e foco
- Relacionamentos harmoniosos

Então qual a ciência por detrás disso? Bem, se você está à procura de uma explicação baseada em fatos estudados, está provado que a meditação é realmente capaz de aumentar a matéria cinzenta nos nossos cérebros. Isto ocorre especialmente nas áreas por vezes relacionadas com as nossas memórias, emoções, controlo muscular, percepção sensorial e discurso. Por meditar pelo menos meia hora por dia, você pode ajudar aumentar a quantidade de matéria cinzenta no seu hipocampo, também conhecida como a área do cérebro que lida com o conhecimento e memória.

Mas isso não é tudo.

Atenção Plena–Você sabia que este estado de espírito pode ajudar a abrandar o processo de envelhecimento do córtex frontal? O que isto significa é que pode ajudar a atrasar o início do esquecimento por alguns anos. Pessoas mais velhas certamente beneficiariam disso, como a idade pode tomar a sua parte nas nossas capacidades de lembrarmos coisas. Aparte das memórias, também pode aliviar depressão junto com dor crónica. Pode também diminuir os riscos de vir a ter um AVC como também um ataque cardíaco.

Todas estas coisas estão ligadas, afinal— quanto mais alto o seu nível de ansiedade, você fica o menos saudável e mais propenso a doenças no coração. A nossa mente, asemoções e corpos, todas essas coisas influenciam umas às outras. Assim sendo, manter todos os aspectos do nosso ser saudáveis é imperativo.

Melhorar a qualidade da sua vida:

Uma das melhores coisas sobre meditação é a simplicidade, no entanto a forma que muda o seu estado de espírito despoleta algo maior, que eventualmente influencia o seu estilo de vida. Depois de mudar a sua perspetiva, bem como a sua atitude em relação à própria vida, e tudo o mais acompanha. Embora não haja uma forma objetiva de testar essas coisas, verá e sentirá o efeito positivo que isso tem na sua vida após começar a acontecer.

Através disso, você pode aumentar a felicidade. Tudo começa após você ter gerido a sua perspetiva e ganho maior compreensão do seu próprio ser. A forma como você reage às coisas e interage com as pessoas lhe seguirá; consequentemente, reduzindo as suas frustrações, e níveis de ansiedade. A meditação ensina a aceitação e esta é uma das chaves para a felicidade— simplesmente permitindo que a vida flua e aconteça, sem tentar muito para a controlar; estar presente e apenas viver no agora sem muitos problemas.

O mundo moderno exige de nós que tenhamos esta estado da mente Zen a fim de enfrentar e atravessar as mudanças que nos são atiradas. A imprevisibilidade da vida não tem de ser algo que nos assuste ou até tentar manipular—nós só nos subcarregamos sempre que tentamos.

Aprender a cuidar melhor de nós mesmos:

Comer bem, descansar — esses são apenas os fundamentos adequados dos cuidados pessoais. Porém essas são também coisas que tendemos a negligenciar muito por várias razões. Até mesmo tomar um fôlego é muitas vezes reservado para mais trabalho! A meditação nos ensina a abrandar, tomar 15 minutos de calma e solidão necessária cada dia. Para pessoas que andam sempre a correr de um lado para o outro, pausar e ficar quieto parece ser como uma coisa tão entediante e chata de fazer, mas você está ciente do facto de que manter os seus níveis de adrenalinaconstantemente altos faz você estar maispropenso à doença— como também aos ataques cardíacos?

Então pause, medite e aprenda como cuidar melhor de si próprio. Quanto mais saudável você estar, mais eficiente você será no que toca a trabalho ou simplesmente viver.

O que devem esperar os principiantes?

Os principiantes devem ter em mente que começar com a meditação é sempre a parte mais difícil. Eles podem encontrar sentimentos de frustração, de tédio, ansiedade e até mesmo raiva. É importante não lutar com esses sentimentos porque a luta apenas irá aumentar ainda mais os seus efeitos. É aí que entra a paciência; em primeiro lugar eles terão de aprender serem pacientes com eles mesmos. Você não tem de ser perfeito ou de fazer bem durante as primeiras vezes.

Permita-se a si próprio a errar durante o processo porque é assim que você vai aprender. Pratique constantemente; aprenda a se sentar consigo no silêncio sem qualquer julgamento e sem qualquer necessidade de provar alguma coisa. A meditação é sobre criar quietude, física e mentalmente. Quando você compreender o que NÃO PRECISA fazer, tudo se torna mais fácil.

Capítulo 3 – Meditação de Atenção Plena

Uma das mais comuns e úteis variedades de meditação é a **meditação de atenção plena**. Para principiantes, este é um bom ponto de partida para a sua prática. Veja o que precisa de saber:

Este tipo de meditação em particular treina a sua mente a se retrair de divagar por pensamentos e sentimentos negativos que podem surgir a qualquer altura do dia. Para pessoas que têm a tendência de pensar demasiado ou que são simplesmente mais suscetíveis a surtos de melancolia, esta é definitivamente uma lição a reter. Normalmente, pessoas que frequentemente mergulham em pensamentos negativos, o fazem porque eles acreditam que os levará a uma solução. Embora isso pode provar ter bom efeito para uns poucos escolhidos, a grande maioria pode acabar por piorar a sua situação se optarem por o fazer.

Pensar demasiado pode facilmente enevoar a nossa perceção, nos fazendo sentir desanimados e exagerando a extensão dos nossos problemas. Como pode ajudar a atenção plena? Praticando a atenção plena, especialmente durante períodos difíceis, o ensinará como observar sentimentos e pensamentos ruinssem necessitar de se envolver mais.O que isto significa é que, você será capaz de dizer: "Sim, estou-me sentindo triste e cansado neste momento. Porém, também sei que as coisas irão melhorar e isto passará eventualmente." Existe muita força nestas palavras, especialmente se as sentir na totalidade e crer nelas.

Quanto mais cedo você for capaz de deixar ir a negatividade, mais cedo será capaz de descobrir a clareza e descobrir quais serão os próximos passos. Os iniciantes experimentarão alguma dificuldade no início por requerer concentração que é algo que se adquire após prática meditativa regular. A paciência é definitivamente a chave e tente o melhor que puder para evitar ficar frustrado caso você se torne distraído nas suas primeiras tentativas. Lembre-se que ficará melhor com o passar do tempo, apenas continue.

Lembre-se que embora você não tenha nenhum controlo sobre os pensamentos que entram na sua mente a qualquer momento, você tem o poder sobre como escolhe reagir a eles. Você vai dar-se à dificuldade e permitir que a raiva se construa? Não. Cada vez que fique distraído, simplesmente respire fundo e recupere o foco de novo. Se continuar a fazer assim, o ato se torna mais intuitivo e fácil de o fazer.

Os Benefícios da Meditação da Atenção Plena

- Ajuda a desenvolver a sua paz interior. Realmente não existem muitas pessoas que prestem atenção a isto, muitas vezes ignorando a sua importância no nosso cotidiano. Não obstante, para o nosso bem-estar espiritual, é definitivamente essencial. Felizmente, o caminho para tal é fácil de seguir. Praticando continuadamente a meditação, você aprenderá com permanecer quieto e paciente mesmo na mais tensa das situações. Quer seja um dia desafiante no trabalho ou umaalturada sua vida em que esteja afligido, possa lidar essas situações melhor e com mais clareza. A paz interior não é algo que pode facilmente desaparecer assim que a tenha desenvolvido. Pode achar que está a diminuir, mas nunca desaparecerá por completo.

Enfraquece e elimina quaisquer hábitos ou padrões destrutivos que você tenha desenvolvido ao longo dos anos. Tais como recorrer ao álcool sempre que se sinta derrotado ou abrigando uma atitude doentia sempre que algo não corre como quer.Isso também inclui estar dependente de outra pessoa e das relações que fazemos, nos perdendo nessas pessoas e ficando mais fracos noprocesso. Enquanto não há nada de errado em fomentar relacionamentos, torna-se prejudicial para o crescimento espiritual, se nos tornarmos muito dependentes de outras pessoas.

Perdemos a nossa confiança assim como perdemos o nosso sentido do eu. Ao nos libertarmos desses hábitos, voltamos a ganhar controlo e também nos tornamos melhores a tomar conta de outros. Afinal, o efeito negativo destes assuntos não começam e acabam connosco. Podem também afetar outras pessoas.

Isso também o habilita a organizar melhor os seus pensamentos, permitindo que faça decisões mais claras e reagir com atenção plena a qualquer situação que possa surgir. Alguma vez sentiu que perdeu o controlo das suas emoções durante uma situação stressante?Alguma vez se zangou sobre um problema pequeno?Se são estas as coisas que quer evitar que aconteçam de novo, a meditação será capaz de ajudar. Quanto mais praticar a atenção plena, melhor se tornará a fazê-la—quase como um instinto. Outro benefício é que terá mais confiança nas suas escolhas. Os medos e inseguranças não irão mais obscurecer as escolhas que faz, permitindo que se torne mais assertivo.

Paciência. Isto é algo que você eventualmente irá desenvolver com a constante prática da meditação — qualquer variedade que seja. Isto porque a meditação o ensina a estar quieto e a não se distrair com nada. Quer seja uma mensagem de texto, um ruido ou mesmo um pensamento do trabalho que ainda tem de fazer. Irá aprender a ser paciente consigo mesmo como também com tudo o que está no seu ambiente.

Por último, mas não menos importante, a meditação ajuda-o/a a desenvolver paciência. Isso dá-lhe o discernimento para o seu próprio processo –como você lida com pessoas e situações que estão para além do seu controlo. O bem e o mal são coisas que irá conhecer melhor quando se tratar de você. Claroo retirar é o que você será capaz de alterar para melhor agora que se compreende melhor. Com o tempo, as suas frustrações irão diminuir e deixar ir o desnecessário será mais fácil para você.

Capítulo 4 – Meditação Andando

Existem pessoas que são capazes de limpar as suas cabeças melhor se estiverem se movimentandoem vez de simplesmente estarem sentadas. Agora, poder-se-ia pensar que a meditação não resultaria com eles, mas certamente não é esse o caso. Como mencionamos anteriormente, existem outros tipos de meditação e algumas dessas variantes são mais ativas.

Se reduzirmos a meditação ao mais básico, não implica necessariamente calma e solidão. Para a maioria, o que você necessita, depende largamente do que são as suas necessidades e preferências. Sabia que existem pessoas capazes de meditarem enquanto estão no trânsito ou em algum sítio lotado? De fato, parecem apreciar o desafio de o fazer.

Para pessoas que buscam ser mais proactivos enquanto se certificam ter a sua meditação correta, eles existem muitas opiniões por onde escolher. Como as filosofias básicas estão intactas, então não terá nenhum problema quando toca a escolher uma versão mais ativa de meditação. Uma das melhores opções para isso é a **meditação andando**.

Embora não convencional, muitas pessoas atestam o fato que andar lhes permite se concentrarem melhor. Ajuda-os a organizar os seus pensamentos e percorrerem o processo sem distrações. Para principiantes, seria melhor experimentarem amos os tipos de meditação de forma a descobrirem qual é a que melhor para eles. Lembre-se não aprenderá as suas preferências até ter experimentado em primeira mão.

Agora, a base para este tipo de meditação é bem simples e não são muito diferentes das técnicas tradicionais de meditação. Em vez de se focar na sua respiração, se irá concentrar em cada passo seu. O objetivo aqui é se certificar que está completamente imerso na experiência e no presente, eliminando qualquer outro pensamento que o poderão estar a distrair ou a lhe preocupar.

Para o ajudar a começar, aqui estão 3 métodos diferentes que você pode tentar:
-
Concentre-se no seu pé.

Esta é provável a mais simples de todas as técnicas, também a melhor para principiantes. O que tem de fazer é prestar atenção a cada passo que dá. Comece lento e limpe os seus pensamentos à medida que avança. Talvez possa ser difícil os primeiros minutos e isso é normal, apenas continue e assegure-se que a sua respiração é uniforme. Imagine que está expirando todas as coisas que o preocupam em cada respiração.

O melhor disto é que você pode fazer dentro e fora de casa.Então, enquanto está no trabalho, isto é algo que poderia fazer. O que necessita é de uma área larga e livre o suficiente, e está pronto para começar. Claro, ajuda se o local está livre de ruído—isso deve permitir que se concentre melhor e aproveite na totalidade a experiência.

Concentre-se nas seis sensações.

Quando chega a esta técnica, irá apenas necessitar de se concentrar em qualquer sensação que tem nos seus pés. Isso inclui o levantar a sua perna e na forma que a pressiona no chão em cada passo. Deverão existir pelo menos seis diferentes partes para isso: elevar, levantar, empurrar, baixar, tocar e pressionar. Se está num espaço pequeno, apenas continue a se mover para a frente e para trás em volta desse espaço enquanto você continua a se concentrar nas sensações que tem.

Acerta altura, a sua mente começará a divagar e se isso acontecer—pause e respire fundoantes de continuar a andar. Fazendo isso deverá ajudar a recuperar a sua concentração no presente e no que está a fazer. Lembre-se que não há pressa. Dê a si tempo suficiente para processar tudo. Se os seus pensamentos continuam a vaguear, apenas faça o método de parar e respirar. É uma das formas mais eficazes de lidar com distrações sem precisar de se debruçar neles.

-

Sensações físicas

Isto requer que você se torne mais ciente da cada parte do seu corpo e como ele se sente no momento. Comece pelas solas dos seus pés e lentamente vá subindo— tome o seu tempo enquanto faz isso, nunca apresse o processo como isso pode distraí-lo/a ainda mais. Imagine uma luz passando através cada parte enquanto se concentra nas sensações. Certifique-se de que você evita permanecer no PORQUÊ é que sente daquela forma. O objetivo aqui é simplesmente sentir, não dar razão ao porquê de as suas mãos doem e assim por diante. É aprender a deixar o controlo e relaxar no seu ser.

-

Sentimentos vs. Emoções

Isto refere-se à sua reação após ter experimentado uma certa. Por exemplo, você está andando e você testemunha algo que lhe cria desgosto. Por meditar sobre isso, seria capaz de compreender a diferença entre os seus sentimentos e as suas emoções. Saber como separar os dois é uma ferramenta muito poderosa e que na realidade lhe providencia com mais controlo quando se trata de situações que desencadeiam reações emocionais. Em vez de ser influenciado por isso, você deve ser capaz de ver tudo com algum distanciamento—permitindo que escolha melhor a sua reação e evitando remorsos mais tarde.

Estado mental e emocional

Agora preste atenção ao seu estado de espírito. Está ocupado ou você é capaz de se concentrar com facilidade? Estar ciente do seu estado mental permite-lhe controlá-lo melhor e também fortalece a sua capacidade para trazer a sua concentração para onde ela é atualmente necessária. Muitas pessoas tendem a permitir as suas mentes a correrem caoticamente, indo por pensamento atrás de pensamento sem serem puxados para trás. Isso por vezes leva a um pensar discordante e a uma verdadeiramente terrível concentração. Além disso, outra coisa que deve ter atenção são as suas emoções e como as experimenta. O que despoleta a sua raiva? Que tal a tristeza e ansiedade? O que o /a faz sentir melhor ou mais feliz? Saber essas coisas, você vai ficando mais atento e dando a si mesmo o conhecimento em como lidar melhor com essas coisas.

-

Objetos de consciência.

Como acontece com as outras técnicas, ter outros pensamentos entrando na sua mente é inevitável. Claro que a melhor forma de lidar com isso, é organizar os seus pensamentos—categorize-os se necessário. Enquanto você faz isso, comece a andar lentamente enquanto mantem a sua respiração equilibrada. Separe os pensamentos benéficos do que não o são. Descubra quais os que lhe fazem feliz e os que lhes trazem energia negativa. Isso deve deixar você saber com quais deve ficar e os que simplesmente deve.

- Terminando a meditação andando.

Quando termina a meditação andando, dê a si próprio tempo suficiente para interiorizar o que o rodeia, especialmente se o estiver a fazer no exterior. Aprecie a forma como o céu se move lentamente, o calor do sol na sua pele e até os sons que o rodeiam. Respire bem fundo e tome atenção às mudanças que sente no seu interior. Compare a forma como se sente agora e como se sentia quando iniciou. Alegre-se nas sensações de consciência e serenidade, leve isso consigo pelo resto do dia.Caso você sinta que energia negativa começa a emergir, não hesite em repetir de novo a meditação andando. É totalmente normal fazer inspirações enquanto você as temporize bem.
Outros tios de técnicas de meditação:

Existem muitos tipos de técnicas de meditação que você pode escolher mas no que toca a redução de stress, talvez queira

ir com algo que seja simples e fácil de fazer. Isto é especialmente para quem não tem muito tempo livre disponível e precisaria de algo que possa ser feito dentro de um pequeno período de tempo. Para o ajudar, aqui estão algumas opções que pode experimentar:
-
Meditação de concentração

Isto requer que você concentre a sua mente sobre um determinado objeto, pensamento mantra ou som. É reconhecido como meditação básica mas que pode ser muito eficiente quando toca a criar clareza. Comece por se focar na sua respiração, em cada inspiração e expiração. Outra coisa que pode fazer é fechar os seus olhos concentrar os seus pensamentos em um som em particular. Pode ser o som de tambores ou de sinos— basicamente qualquer coisa que traga para a frente sentimentos de calmaria em si.

Se faz parte de um grupo de meditação, a pessoa que conduz irá normalmente utilizar um mantra que todas as pessoas no grupo podem-se concentrar nele. Não existem regras quando se trata disso e as suas preferências pessoais definitivamente irão surgir. Certas pessoas tendem a se concentrarem melhor se tiverem uma figura à sua frente; algo como uma vela ou uma simples imagem. Tudo isso depende sobre você e sobre o que o/a faz se sentir confortável.

Claro que estabelecemos que muitos principiantes acham concentrarem-se um pouco difícil de início, isso não é nada fora do comum. Essas é a razão pela qual a prática sustentada é essencial se está a começar. Ensina-o/a a se concentrar melhor.

Meditação Passiva

Este tipo de meditação irá desafiar os principiantes, mas também será uma grande prática para eles se pretenderem avançar ainda mais. É também conhecida como Meditação Vipassana e implica a observação do que está a acontecer mentalmente no nosso interior. Imagine os seus pensamentos como um filme que se vai desenrolando à sua frente.

Isto não necessita de um ponto de foco exterior e por sua vez, é-lhe pedido que aumente a sua consciência—tornando-se mais observador ao que está a acontecer em si e em seu redor a qualquer altura. Requer muita observância passiva, não lhe é pedido que reaja de forma alguma. Ver as coisas de uma forma sem julgar e deixar passar as suas emoções enquanto o faz. A torrente de sentimentos que pode surgir é perfeitamente normal, então não se preocupe.

Pense nisso como a forma do seu corpo purgar todas as coisas más que têm estado retidas dentro de si. Isto é especialmente assim se você tem estado consistentemente ansioso e forçado a esconder os seus sentimentos devido ao trabalho.Aqui está a sua oportunidade de deixar ir tudo e finalmente permitir que deixe o seu corpo—mesmo que isso signifique chorar. Você se sentirá depois muito mais leve e de cabeça limpa.

Capítulo 5 – Como Alcançar os melhores Resultados quando se Pratica Meditação?

É apenas humano o encontrar paz interior e a nosso próprio pedaço de calma neste mundo por vezes muito caótico. Porém, na maioria das vezestendemos a negligenciar esta necessidade e em vez, focamos todas as nossas energias no trabalho. Embora não havendo nada de errado com isso, é importante que as pessoas saibam que a fim de viver uma vida equilibrada, se necessita de paz interior. Se continua com o seu estilo de vida altamente stressante, sem alimentar as suas necessidades espirituais, isso acabará por lhe custar e a consequência poderá ser bastante terrível. Exaustão, esgotamentos e depressão são apenas alguns dos efeitos. Então antes de tudo isso acontecer, abrande e respire.

Certo, nem todas as pessoas têm o tempo para realmente entra em meditação, isto não quer dizer que você tenha de renunciar por completo! Mesmo para pessoas que mal têm tempo suficiente para encaixar todas as coisas que têm de fazer em um dia, existem técnicas de meditação que se adequam ao seu estilo de vida.

Para o ajudar a começar, aqui estão algumas dicas que talvez queira ter em mente.

- Descubra quanto tempo pode dedicar à meditação. Esta prática é melhor se for sempre feita de manhã, antes de ir para o trabalho e durante a noite, mesmo antes de se deitar. Isso aumenta a sua concentração para o dia e o/a ajuda a dormir melhor.

- Procure uma área da sua casa que seja confortável e silenciosa, onde pode praticar sem preocupação. Não tem de ser um espaço grande, mas deverá ter poucas distrações nele. Isto é particularmente importante para os principiantes por eles acharem que de início é um pouco complicado.

- Assim que tenha descoberto o local certo, prepare-se para iniciar. Sente-se na posição de lótus e certifique-se que a sua postura permaneça o mais direita possível. Se essa postura lhe é desconfortável, sente-se com os joelhos dobrados ou pode-se ajoelhar. Use algumas almofadas para suporte e apoio.

- De seguida, avance para o relaxamento dos seus ombros bem como o resto do seu corpo enquanto inspira e expira lentamente. Feche os olhos nesta altura tente o seu melhor para prestar atenção ao que está a fazer nesse momento.

- Com cada respiração, concentre-se em apenas uma coisa: Qualquer pensamento positivo que o/a ajude a se sentir mais motivado/a seria bom se estiver a praticar antes do trabalho. Se estiver a fazê-lo à noite antes de se deitar, então pense em algo muito relaxante para si— alguma coisa que induza sentimentos de calma e sonolência.

- Agora, sempre que exalar, certifique-se que você visualize todas as suas preocupações e stress deixando o seu corpo. Repita isso por toda a prática.

- Tenha em mente que não é incomum para os iniciantes experimentarem pensamentos que distraem de vez em quando enquanto meditam. Não se preocupe! A forma mais simples de lidar com isso é não resistir. Contudo, faça o seu melhor para não se debruçar sobre eles. Reconheça o fato que você está a experimentar estas distrações, então respire fundo e concentre-se de novo, pode ser muito difícil de início mas com a prática, deverá ficar melhor nisso. Apenas coloque o seu foco de novo na forma como respira cada vez que isso acontece.

- Recorde-se que a meditação não segue regras muito rígidas e que pode optar por introduzir um mantra diferente na sua rotina diária. Par quem não sabe, um mantra é uma frase que lhe dá bons sentimentos e é algo que deverá repetir durante o processo meditativo. Quanto mais simples for o mantra, normalmente melhores são os resultados. "Eu estou calmo" e "Deixa este sentimento passar" são alguns dos mais usados.

Aqui o conselho mais importante é claro, é o de desenvolver um pouco de paciência para si próprio/a, especialmente se é novo na meditação. Isto não pode ser mais enfatizado, dado que concentrar e encontrar um bom ritmo para a sua respiração pode ser difícil ao início. Porém, como temos estado a lembrá-lo/a, todas estas coisas podem ser resolvidas com prática regular. Então certifique-se que você faz!

Conclusão

Obrigado de novo por ter baixo o livro!

Eu espero que este livro fora capaz de lhe ajudar a compreender melhor o que é a meditação e como lhe pode beneficiar.

O próximo passo é experimentar por você mesmo, descubra como funciona e veja as suas próprias atitudesse alteram para algo mais positivo, e o/a ajuda a crescer.

Obrigado e boa sorte!

Parte 2

Introdução

Há muito tempo atrás, a meditação foi usada para ajudar as pessoas a compreender sua espiritualidade e para tentar clarear o seu entendimento. Ela ainda é usada dessa maneira, mas como você é novo nisso, eu sinto que será útil para você aprender um pouco do pano de fundo por trás da prática da meditação, assim como aprender sobre o que é tudo isso. Apenas depois você poderá colocar seu melhor esforço nisso. Veja, as pessoas entendem mal sobre o que é que devem fazer e, enquanto você está se concentrando demais na prática da meditação, pode na verdade estar se afastando daquilo que é de fato a meditação. Não é sobre tentar. É sobre ser.

No momento em que você é capaz de meditar, você permite que sua mente alcance novas elevações. Você pode ter experimentado algo como a meditação e não ter percebido a semelhança, embora este livro vai explicar isso, para que você reconheça quando está se beneficiando com a sua prática, em vez de sentir que não está aprendendo nos estágios iniciais da meditação. O truque é aceitar seu estado, em vez de tentar mudá-lo. Você entenderá mais sobre isso conforme eu conduzo você pelos passos que levam você à meditação e a uma melhor compreensão de si mesmo.

O modo como sua mente funciona também tem relevância e usarei uma citação no início deste livro que pode ajudá-lo a ver o que é a atenção plena e a sua relevância para a meditação. Embora muitas pessoas pratiquem a atenção plena como algo separado, ela desempenha um papel na meditação, porque estar no momento significa que você é mais capaz de se disciplinar e sentir que está progredindo.

Gratidão por comprar este livro e espero que você ganhe algo com isso, como é a minha intenção. Quando comecei a meditar, eu não tinha um guia. Sim, existem muitos livros no mercado, embora alguns não sejam totalmente úteis para o iniciante, uma vez que eles tentam se aprofundar demais para o iniciante. Minha opinião sobre a meditação é do ponto de vista de alguém que ensina e que aprendeu através da tentativa e erro, mas que adquiriu uma compreensão interior que me permite ser uma autoridade no assunto. Eu estive onde você está de pé e conheço a apreensão com a qual você toma esse caminho. Juntos, vamos meditar e você verá os benefícios de incorporar a meditação em sua vida.

Capítulo Um: Onde Tudo começou

"Se você quer dominar a ansiedade da vida, viva o momento, viva na respiração."
Amit Ray

Sabemos da história que a meditação foi usada antes do nascimento de Cristo. De fato, vários séculos antes do nascimento de Cristo, um jovem príncipe usou a meditação para obter respostas para as perguntas que ele considerou que afetavam o modo como as pessoas agora vêem a vida e o mundo em que vivem. Príncipe Siddhartha Gautama nasceu e seu pai levou muito a sério a alegação de que seu filho ou se tornaria um grande guerreiro ou que ele se tornaria um grande líder espiritual. Ele protegeu seu filho das realidades do mundo fora do palácio e não foi muito tarde em seus vinte anos que ele se aventurou fora do palácio e deu uma olhada na vida das pessoas comuns. As pessoas sofriam e isso o perturbou demais. Ele não estava consciente disso até aventurar-se.

Também sabemos que ele praticou meditação, mas quando você pensa nisso, isso significa que a meditação já deve ter sido uma prática naquela época. A revelação que ele viu dentro da sua mente depois de longa meditação foi a resposta para o sofrimento da humanidade. Ele assim surgiu com idéias que mais tarde foram escritas e mantidas como sendo o caminho sobre a qual os budistas vivem suas vidas. Não foi por acaso que ele aprendeu tudo isso e não se preocupe - não estou tentando mudar sua filosofia de vida, pois é uma escolha que você deve fazer por si mesmo. No entanto, Siddhartha Gautama alcançou perfeita compreensão através de sua meditação e é isso que os monges budistas buscam quando meditam - o lugar da compreensão sendo conhecido como Nirvana.

Esta filosofia é seguida em todo o mundo hoje e em particular no Tibete, China, Índia e lugares onde o lado espiritual da vida corre em paralelo com o lado da vida que todos vêem como sendo a vida cotidiana. Pouco a pouco, a filosofia se espalhou para o mundo ocidental e até agora, e é reconhecida como um meio maravilhoso de ser capaz de conectar a sua mente e corpo e sair da corrida da multidão e ir para dentro de um espaço onde você pode dar-se tempo para alcançar suas conexões espirituais. Existem muitos mitos que circulam quando qualquer coisa de natureza espiritual é discutida, mas, para o propósito deste livro, é suficiente que você saiba o que é meditação e como ela é usada.

O ato de meditação é simplesmente um processo de usar um método de respiração profunda que ajuda você a usar a capacidade de seus pulmões que normalmente é ignorada no dia a dia. Nós só usamos cerca de um terço da capacidade dos pulmões na respiração normal. Quando você começa a usar mais, descobre que o sistema nervoso simpático é mais capaz de funcionar e o ajudará a se sentir melhor em si mesmo. A meditação nos eleva, mas a prática não para com o ar que você respira, mas enfatiza a importância da postura do corpo. Há razões para isso também. Visto que seu corpo aloja pontos de energia em toda a espinha, se você se desleixar, não será possível para o seu corpo abrir esses pontos de energia e deixar a energia fluir através deles. Dessa maneira, as posições de meditação podem parecer um pouco estranhas, mas não se preocupe. Você não será solicitado para assumir a posição de lótus completa. Você será apenas solicitado para sentar-se de uma maneira em que suas costas estejam eretas. Outro aspecto da meditação é o aterramento. Você pode ver pessoas que meditam que balançam para trás e para frente enquanto estão meditando sentadas em um tapete de ioga. Isso é apenas para encontrar a posição que é a mais confortável, embora em sua prática, você será convidado à manter os pés no chão, pois isso faz a mesma coisa.

A meditação começou tão longe na história da humanidade que suas origens são difíceis de traçar. Sabemos que ela foi usada na Índia e também sabemos que no século 12, foi praticada por Guigo II, que criou a palavra "meditato", que desde então foi transformada em meditação. No hinduísmo e no budismo, a meditação também tem sido usada como parte de rituais que fazem parte dessas crenças, embora o verdadeiro budismo não possa ser explicado como sendo uma religião. É apenas uma filosofia que explica sua popularidade em outras partes do mundo. Mesmo pessoas que são cristãs ou de outras crenças são capazes de praticar os atos introduzidos por essa filosofia sem mudar de religião ou sem assumir uma nova religião. Um exemplo típico disso é o recém falecido Leonard Cohen, que era um judeu praticante. No final de sua vida, ele adotou o zen-budismo. A prática da meditação foi útil para ele pois o ajudou a se sentir mais confortável como ser humano.

Se você está esperando encontrar revelações neste livro, o ponto que gostaria de dizer nesta etapa é que a revelação que você está buscando está em sua mente. À medida que você aprende a incorporar a meditação em sua vida cotidiana, você encontrará, tal como as pessoas há vários séculos encontraram, que ela é tão relevante para a vida hoje como era então.

É algo que ajuda de muitas maneiras e, no próximo capítulo, explicarei o que você pode esperar quando começar a meditação e por que é tão importante manter isso como uma rotina diária.

Capítulo Dois: Os Benefícios da Meditação

"Olhar a beleza no mundo é o primeiro passo da purificação da mente." Amit Ray

Você sem dúvida estará consciente do fato de que, quando as pessoas sofrem de tensão nervosa, elas tendem a respirar demais. O que quero dizer com isso é ter ataques de pânico e respirar irregularmente. Durante o percurso nesse tipo de respiração, o que acontece é que as pessoas se oxigenam demais e é por isso que elas são solicitadas à respirar lentamente em um saco de papel para normalizar o fluxo de oxigênio no corpo. Na meditação, a sua respiração é uma parte vital do ato de meditar, porque também ajuda você em se tornar calmo e receptivo. Assim, é vital compreender que o modo como você respira durante a meditação dita como você será bem sucedido no processo.

As tensões impostas pelo século XXI são reais. Atualmente, há mais pessoas do que em qualquer outro momento da história em tratamento de doenças relacionadas à depressão e à ansiedade. Mais pessoas estão sucumbindo em problemas cardíacos e à obesidade e a meditação pode ajudá-lo em todos os aspectos de sua vida, incluindo esses tipos de problemas. A serenidade da mente e a capacidade de deixar ir são as ferramentas reais aqui, e você verá claramente que elas têm um impacto na sua saúde e bem-estar geral.

O seu coração vai desacelerar durante a meditação, o que significa menos desgaste no sistema cardíaco. Você também perceberá que ao praticar a meditação, a sua pressão sanguínea diminuirá e isso é algo que você pode eventualmente controlar, até certo ponto, com a sua meditação. Meditação aguça seu foco na vida e você é capaz de se tornar muito mais produtivo, mas a prática faz muito mais do que isso. Pode aguçar os seus sentidos e permitir-lhe desfrutar da vida em um novo nível de felicidade: o da felicidade interior e do contentamento.

Você aprende como controlar seus processos de pensamento para que você não fique estressado e possa usar a meditação para ajudá-lo a centralizar seus pensamentos em coisas que são de muito mais valor para você em sua vida. Você também aprende a controlar seus sentimentos e emoções no que diz respeito às interações com os outros, porque o processo meditativo leva você a um estado de não-julgamento, no qual você pode apreciar que os outros têm opiniões diferentes e aceitar que esse é o caminho do mundo. Quando você não julga as pessoas, muito do estresse da sua vida desaparece porque é esse senso de julgamento que impõe todas as tensões em você em primeiro lugar.

Eu sinto que devo mencionar um dos maiores benefícios que você pode perceber através da meditação porque, apesar de algumas pessoas não se sentirem espirituais e não compreenderem verdadeiramente a palavra, a meditação o levará de volta ao ponto de sentir proximidade com o seu criador - e realmente não importa quem você acredita que o criador seja. É esse sentido dentro de você que você pertence e que é uma parte vital do universo - tanto quanto qualquer fragmento da natureza é. Você sente uma calma e auto-aceitação que é muito difícil de compreender atualmente e nessa era, quando a competição é tão frequente e as pessoas esperam que você siga as normas da sociedade.

A coisa mais emocionante que experimentei através da meditação foi o autocontrole. Eu me encontrei sendo capaz de me acalmar em momentos de dificuldade e olhar para os problemas de um ponto de vista totalmente diferente. A meditação encoraja empatia e compaixão e quando essas são coisas em que você incorpora em sua vida, abre as portas para a felicidade melhor do que qualquer outra coisa que eu conheço, de forma permanente - ao invés de obter prazer e felicidade nas coisas impermanentes que as pessoas valorizam tanto nestes tempos.

Quando você está vivendo em caos contínuo em sua vida cotidiana, você não percebe o quanto VOCÊ tem controle sobre o resultado de sua vida. Claro, haverá coisas que estão além do seu controle, mas quando você toma as rédeas da sua vida e é capaz de usar a meditação, você também controla o impacto desse caos no seu estado de espírito. Portanto, a meditação faz de você uma pessoa mais forte, capaz de suportar mais e capaz de passar pela vida sem permitir que a influência externa o incomode a ponto de tornar-se o SEU estresse. Você se importa mais, mas também aprende que tem pouco controle sobre a maneira como o mundo gira. O que você tem ao seu lado é compaixão e empatia e muito mais paciência do que você jamais poderia ter imaginado em sua vida. Sendo assim, a meditação ajuda-o a lidar com os altos e baixos da vida e a passar por eles com igual vigor, em vez de permitir que a turbulência emocional ofusque seu julgamento.

Capítulo Três: Preparando-se para Meditar

"Para entender o imensurável, a mente deve ser extraordinariamente quieta, serena." ~ Jiddu Krishnamurti

Quando você começa a meditar, você precisa de um lugar onde você possa ir para fugir do barulho e da agitação da vida. Você estará meditando por cerca de 20 minutos a cada dia no início e deve dedicar uma área da sua casa ou jardim à prática da meditação. Isso significa decidir sobre onde você quer meditar. Eu acho que é melhor no jardim ou no quarto logo pela manhã, antes que o mundo se torne barulhento. Como iniciante, você vai querer evitar lugares onde você será interrompido por barulho ou atividade. Um canto no seu quarto é bom, desde que você desligue coisas como telefones celulares ou qualquer coisa que possa distraí-lo.

Aprendendo a respirar

Muitos estudantes riem quando eu digo a eles que precisam aprender a respirar, mas o fato é que no nosso dia a dia não respiramos da melhor maneira possível. Nós tomamos como certo que respirar significa vida e, desse modo, apenas seguimos adiante sem pensar conscientemente sobre como fazemos isso. Eu gostaria que você se sentasse em uma cadeira com as costas eretas e que praticasse a respiração. Feche os olhos e agora imagine a respiração sendo algo que você pode ver - como uma força energética entrando e saindo do seu corpo.

Respire pelas narinas. Talvez você respire pela boca e muitas pessoas fazem isso, mas há razões pelas quais você precisa respirar pelas narinas. Suas narinas têm filtros que permitem que o ar entre em seu corpo exatamente na temperatura ideal e que também seja limpo de toxinas externas. Sendo assim, isso ajuda o seu corpo a trabalhar melhor. Inspire pelas narinas até a contagem 8. Expire até até a contagem 10.

Pode demorar um pouco para entrar nesse ritmo, mas eu quero que você pratique de qualquer forma. Ponha uma mão na parte superior do abdômen e sinta a subida e descida desta área enquanto respira. Este é o tipo de respiração que você estará fazendo enquanto meditar, então pratique um pouco e tente ver quanto tempo você leva para obter o ritmo fluindo, de modo que você esteja respirando até esses limites sem sequer pensar nisso.

Ferramentas que você pode querer usar

Embora na realidade você não precise de nada para meditar, há coisas que podem inspirá-lo. Quando você vê os templos budistas, você pode ficar entusiasmado com a exibição de cores. Esses altares não estão lá para que eles possam adorar alguma coisa. Eles estão lá para inspirar. Então, se você pensar em algo que irá inspirá-lo em sua jornada, adicione-o em sua área de meditação. Pode ser uma estátua de Buda. Pode ser flores, velas, fotos que inspiram você e aromas que você ama.

Você também pode achar útil usar um tapete de yoga e uma almofada de meditação, embora eles não sejam estritamente necessários. Você pode meditar sentado em uma cadeira de jantar normal. Essas são escolhas em vez de obrigações. A única coisa que posso dizer a favor deles é que isso mostra seu investimento na meditação e o encorajará a meditar como parte da sua vida cotidiana. Eu tenho uma tigela tibetana e particularmente acho isso inspirador e pode haver coisas que você queira incluir na sua área de meditação que o inspirem igualmente.

Vestuário

Durante a meditação, não importa muito o que você escolhe vestir, exceto que não deve ser restritivo de forma alguma. Você pode usar seu pijama se você quiser, embora nunca use qualquer coisa que aperte ou que provoque desconforto em qualquer área. Eu realmente prefiro usar um roupão de algodão porque é confortável e de qualquer forma ninguém vai me ver em meu próprio espaço privado. Até que você se acostume com a meditação, precisa considerar as suas próprias necessidades. Deste modo, qualquer coisa que te faz sentir confortável é uma boa escolha. Eu vou descalço porque isso me ajuda a me sentir mais aterrado.

Quando você sentir certeza de que tem tudo o que quer, precisa decidir em que dia iniciará sua meditação. Este é um compromisso e é um compromisso para um propósito específico. Nossas mentes são tão complexas e cheias de pensamentos que leva um tempo para realmente obter algo de volta da sua prática meditativa. Você precisa se comprometer com esses 20 minutos por dia no início para poder seguir em frente e ir aprendendo a se beneficiar da meditação, bem como começar a usá-la em sua vida cotidiana para ajudá-lo quando houver momentos difíceis ou estressantes.

Quando você obter mais experiência, provavelmente escolherá meditar por mais tempo, mas, como recém-chegado, não tente demais. Tudo o que você está estabelecendo é um novo hábito e esse hábito é incorporar a meditação em sua vida cotidiana.

Capítulo Quatro: Como Meditar

" Tranquilidade mental é alcançada cultivando a simpatia pelos felizes, a compaixão pelos infelizes, o encanto pelos virtuosos e a indiferença em relação aos perversos". Pantanjali

Escolher um horário para meditar é importante e você deve seguir a mesma rotina todo dia. Eu sugiro pela manhã quando você se levanta e antes de ir escovar os seus dentes. É a melhor hora do dia para meditar, porque o mundo está mais silencioso no início da manhã e é menos provável que você se distraia. Você nunca deve meditar com o estômago cheio, então não deixe para depois do café da manhã. O estado de espírito que você tem na primeira hora de manhã é ideal porque você ainda não despertou para a realidade do dia e, portanto, tem otimismo e entusiasmo pela vida intacta nesse momento.

Meditação Sentada

Se você decidiu sentar em uma cadeira, sente-se e certifique-se de que suas costas estejam eretas. Fique à vontade e tenha os pés planos no chão. Estes vão lhe aterrar. Agora coloque uma mão dentro da outra - com as palmas voltadas para cima e os polegares se tocando.

Meditando no seu tapete de yoga

Se você decidiu usar o seu colchonete de yoga e uma almofada, deslize a almofada para baixo e dobre os joelhos, cruzando os tornozelos. A sola dos pés devem ficar confortáveis no chão. Você pode precisar balançar de um lado para o outro até encontrar essa posição perfeitamente confortável, mas tudo bem. Faça isso. Em seguida, coloque as mãos uma em cima da outra com as palmas voltadas para cima e os polegares se tocando.

A sala em que você está deve ter ar o suficiente e deve ser um lugar tranquilo onde você não será perturbado.

Respiração

Comece a respirar como mostrei no capítulo anterior. Inspire pelas narinas até a contagem de sete e depois expire até a contagem nove desta vez. Você precisa manter esse ritmo em andamento até sentir que o ritmo vem facilmente. Você começará a sua meditação agora. Durante o andamento da meditação, você deve concentrar seu pensamento em sua respiração e na contagem e nada mais. Quanto mais você tenta manter os pensamentos para fora de sua mente, mais fácil é deles penetrarem em sua mente. Tente pensar no estado de estar relaxado em vez de tentar forçar isso. Às vezes na vida, você faz coisas quase no piloto automático. Talvez você tricote e possa fazer isso sem sequer pensar nisso. Este é o tipo de estado de mental que você está procurando.

Inspire pelas narinas até a contagem sete.
Expire até a contagem nove.
CONTAGEM UM

Inspire pelas narinas até a contagem sete.
Expire até a contagem nove.
CONTAGEM DOIS

Você verá que cada ciclo de inalação e exalação conta como um só e a ideia é que você chegue até dez sem deixar que os pensamentos invadam a sua mente. Se você se encontrar pensando em algo, deixe esse pensamento ir sem permitir que a sua mente julgue o pensamento ou julgue você por sua falta de concentração. Esteja neste momento. O modo pelo qual a atenção plena entra em ação é que você aprende a observar o pensamento e aprende a deixá-lo ir. Não esqueça: se é um pensamento sobre o passado, o passado se foi e nada pode mudá-lo. Se é uma preocupação com o futuro, o futuro ainda não aconteceu e nenhuma quantia de pensamento sobre isso vai mudar o que quer que a vida lance em você. Relaxe em sua meditação e deixe ir os pensamentos.

A maneira não-julgadora que você aborda o seu processo de pensamento é importante porque, enquanto você pratica isso todos os dias durante a meditação, descobrirá que isso o ajuda na vida em deixar de lado o julgamento e, quando você faz isso, a vida fica muito mais fácil para você lidar. Muitas vezes, nossas desgraças são o resultado do nosso julgamento dos outros ou de situações, e você precisa parar o julgamento e simplesmente aceitar o que é.

Capítulo Cinco: Acalmando a Mente

"Sua vida é determinada não tanto pelo que a vida lhe traz como pela atitude que você traz à vida; não tanto pelo que acontece com você quanto pela maneira como a sua mente vê o que acontece. "
Khalil Gibran

Sua mente é um poder muito forte na sua vida. Tudo ao seu redor está mudando e evoluindo, mas o que você pode não saber é que você está evoluindo também. Quando você aprende meditação, você permite que sua mente veja coisas que você nunca poderia ver de outro modo. Seu espírito interior é capaz de alimentar a sua mente com inspiração e ajuda à energizá-la, de modo que, quando você sai para encarar a vida, você o faz como uma nova abordagem. Essa abordagem ajuda você a se tornar mais compassivo e empático e isso enriquece quem você é. Quando você termina a meditação do dia, é bom ter alguns momentos de reflexão e escrever em seu diário o que acha que pode fazer melhor da próxima vez, para que a sua prática de meditação também esteja evoluindo.

Sua mente durante o dia é preenchida até transbordar com todos os tipos de experiências, emoções, respostas e você pode não ser capaz de controlar o que acontece na mente. Você pode sofrer de emoções como raiva, frustração, ciúme, ganância, etc., mas à medida que continua meditando todos os dias, começará a conhecer essas emoções negativas como inimigas e começará a afastá-las de sua vida. A falta de julgamento sobre os outros ajuda-lhe em aquietar a sua mente. Deixe-me mostrar como, demonstrando em um cenário como isso funciona.

João é muito crítico. Um motorista passa por ele no caminho para o trabalho e depois atravessa na frente do carro de John. Ele sente raiva e frustração, buzina e sente a raiva crescendo dentro dele. Quando ele começa o seu dia dessa maneira, ele continua sendo negativo porque o seu estado de espírito está alterado. Agora, observe o que acontece quando João pratica meditação e atenção plena.

Ele está dirigindo para o trabalho e outro motorista comete um erro descuidado e corta na frente dele. Ele sente empatia pelo motorista porque sabe que essa falta de experiência pode acabar prejudicando o motorista. Assim, ele freia o carro de volta um pouco para deixar o motorista passar, sentindo que ele fez algo para acalmar a situação.

Ambas as situações são a mesma situação. A diferença é que no segundo cenário, nenhum julgamento severo foi usado. John continuou a trabalhar em um estado de espírito positivo, porque ele não estava irritado com o que aconteceu. Na vida, a mente fica barulhenta quando permitimos isso. Se você não pode perdoar as pessoas, a raiva interior corrói VOCÊ, não a pessoa com quem você está zangado. Quando você sente ódio por alguém, essa pessoa não sofre. Você sofre porque não é a mente dele que está sendo devorada pelo ódio. É a SUA.

A meditação ensina essa diferença e permite que você tenha uma inteligência inicial na vida, porque a sua primeira reação em qualquer situação se torna compaixão. Você começa a ver a vida de uma maneira diferente. Você começa a se responsabilizar por suas reações e a meditação também tem uma maneira maravilhosa de acalmar a sua abordagem da vida, de modo que todos esses compartimentos desagradáveis em sua mente que podem ser preenchidos com ódio, preocupação, inveja, ganância ou qualquer outro tipo de negatividade permaneçam selados e as únicas coisas que passam pela sua mente são pensamentos calmos.

Você está no momento. Você não permite que o passado assombre você e eleva o seu espírito tornando-se menos julgador. Você aprende a deixar ir. Feche os olhos por um momento e pense em algo que esteve preocupando você ou em um pensamento negativo que você sabe que ainda não resolveu. Veja o pensamento como se você estivesse olhando pela janela de um trem e ele está escrito em um outdoor ao lado da pista. Ele só será visto por alguns momentos. Olhe para isto e então deixe ir. O trem passou e você não pode mais vê-lo. É quando você ganha paz interior e calma. Deixando de lado as coisas que prendem você, vai te libertar e te ajudar a viver uma vida que é mais feliz e mais realizada.

Quando você precisar que a sua mente fique quieta durante o dia, sente-se em algum lugar longe das pessoas e simplesmente feche os olhos por um momento. Você pode meditar em qualquer lugar. Respire a respiração da vida em seus pulmões e deixe todos os pensamentos irem embora. Quando você é capaz de fazer isso, a clareza que você obtém é maravilhosa e é disso que se trata a meditação. É permitir que você abra todas as maravilhas que estão dentro da sua mente e que talvez você nunca tenha tido a chance de ver sem a meditação. Meditação é para a vida. É tão vital para você quanto beber água e comer comida. Faça disso uma parte do que você faz todos os dias em sua vida e isso o ajudará de muitas maneiras a viver uma vida que é desprovida de negatividade. Então, quando as coisas acontecem - e sempre acontecem - a força interior que você adquiriu através do seu conhecimento da meditação o ajudará a estar em paz com o seu mundo, mesmo através do véu da tristeza. Isso fortalece você e ajuda você a lidar com o que a vida lançar em você.

Conclusão

Você terá visto neste livro que eu me sinto apaixonado por este assunto. Se você achar que não está recebendo o suficiente da sua meditação, não desista. Você levou anos para chegar onde você está e talvez a vida tenha jogado mais do que é suficiente de coisas ruins em sua direção. Não pense que tudo isso pode ser esquecido de um dia para o outro. Quando você aprende a meditar diariamente, você descobre que há um momento em que você se sente elevado pela vida e sente uma maravilhosa sensação de bem-estar. Isso pode acontecer com você depois de um curto tempo e, no meu caso, lembro-me claramente de quando não estava realmente tentando ser nada especial ou de fazer algo especial. Aquele momento de revelação quando você acerta, só vem para você e de repente,você percebe que todo esse tempo você foi a única barreira que impediu você de alcançar esse auge de felicidade no passado.

Eu suponho que a única maneira de explicar isso é como quando você aprende mais alguma coisa. Uma criança aprende a andar e a primeira vez que a criança pode fazer isso sozinha, é uma celebração porque é um passo em direção à algo ainda não descoberto. Da mesma forma, quando você aprende a digitar, você toca as teclas e, de repente, do nada, há esse momento em que você está simplesmente fazendo o que foi treinado para fazer sem sequer pensar nisso. Quando você aprende a dirigir um carro e de repente se vê fazendo isso perfeitamente sem pensar nos atos que o levam até lá. A meditação é praticamente a mesma coisa. Uma vez que você deixa ir o seu medo ou o seu julgamento sobre o quão bem você está indo, isso acontece por conta própria. Para chegar lá, no entanto, você precisa fazer da meditação uma prática regular no seu cotidiano.

www.ingramcontent.com/pod-product-compliance
Lightning Source LLC
Chambersburg PA
CBHW071913070526
44583CB00016B/1965